8 JUIN 1896

COLLECTION

DE

M. D. DE G.

Dreyfus Gonzalès

DEUXIÈME VENTE

TABLEAUX

Anciens et Modernes

PARIS — 1896

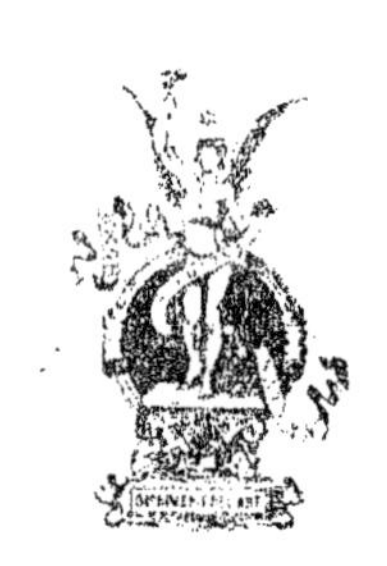

CATALOGUE

DES

TABLEAUX

ANCIENS & MODERNES

PAR

Juan de Arellano, Goya, Van Goyen, Jacques et Salomon Ruysdael
Pierre Snayers, David Teniers le Vieux, Terburg

Benjamin-Constant, Benouville, Berne-Bellecour, François Bonvin
Corot, Courbet, Diaz de la Peña, Duez
Jules Dupré, Heilbuth, Henner, Charles Jacque
Eugène Lambert, Louis Leloir, Henri Lévy, Lobrichon, Van Marcke
Meissonier, Ignacio Merino, Alphonse de Neuville, Plassan
Ribot, Léopold Robert, Troyon, Vautier, Vibert, Vollon, Ziem

DESSINS ANCIENS ET AQUARELLES MODERNES

PAR

Cochin le Fils, Alt, Gauermann, Heilbuth, Krichuber et A. Petenkofen

Beau Manuscrit par DE PAPE FRÈRES

Le tout dépendant de

L'IMPORTANTE COLLECTION DE M. D... DE G...

ET DONT LA VENTE AURA LIEU A PARIS

GALERIE GEORGES PETIT

8, rue de Sèze, 8

Le Lundi 8 Juin 1896, à 2 heures

COMMISSAIRE-PRISEUR

Me PAUL CHEVALLIER

10, rue de la Grange-Batelière, 10

EXPERTS

MM. MANNHEIM Père et Fils	**M. GEORGES PETIT**
7, rue Saint-Georges, 7	12, rue Godot-de-Mauroi, 12

EXPOSITIONS

PARTICULIÈRE : *Le Samedi 6 Juin 1896, de 1 h. à 6 h.*

PUBLIQUE : *Le Dimanche 7 Juin 1896, de 1 h. à 6 h.*

CONDITIONS DE LA VENTE

La vente sera faite expressément au comptant.

Les acquéreurs paieront *cinq pour cent* en sus des adjudications.

Paris. Imprimerie de l'Art, E. Moreau et Cie, 41, rue de la Victoire.

DÉSIGNATION

TABLEAUX ANCIENS

ARELLANO

(JUAN DE)

Né à Santorcaz, en 1614, mort à Madrid, en 1676.

1 — *Fleurs et fruits.*

Sur une base en pierre, un vase de cristal à l'arrière-plan, des prunes et des poires que butinent des papillons. Cette base est surmontée d'un socle d'où retombe un pan de draperie pourpre et que surmonte un autre vase de cristal contenant des roses, des boules de neige, etc.

Signé, en toutes lettres sur la base, vers la gauche.

Toile. Haut., 96 cent.; larg., 63 cent.

(Collections Madrazzo et marquis de Salamanca.)

GOYA Y LUCIENTÈS

(FRANCISCO-JOSÉ)

Né à Fuendetodes, le 30 mars 1746, mort à Bordeaux, le 16 avril 1828.

2 — *Course de taureaux.*

Au premier plan et à l'arrière-plan, des spectateurs, les uns assis, les autres debout. L'arène est divisée en deux parties : à droite, un picador, la lance en arrêt, attend le taureau qui s'apprête à foncer sur lui ; à gauche, un toréador est sur le point de frapper à mort un taureau entre les deux cornes. Fond de maisons.

Toile. Haut., 97 cent.; larg., 1 m. 21 cent.

(*Vente de Goya et Collection du marquis de Salamanca.*)

GOYEN

(JAN VAN)

Né à Leyden, en 1596, mort à La Haye, en 1656.

3 — *La Meuse à Dordrecht.*

La cathédrale, la ville et des moulins s'étendent vers la droite ; le fleuve couvert de bateaux à voile et de barques occupe le premier plan du tableau qui est d'une exquise tonalité grise et blonde et de la plus belle qualité du maître.

Panneau. Haut., 40 cent.; larg., 60 cent.

RUYSDAEL

(JACOB VAN)

Né, en 1628 ou 1629, à Haarlem, où il mourut, en 1682.

4 — *Les Ruines.*

Elles occupent, vers la gauche, l'arrière-plan et sont entourées d'arbres qui se reflètent dans une pièce d'eau laquelle rebondit en cascade entre des rochers au premier plan. A gauche, un tronc d'arbre brisé; à droite, deux bûcherons et une femme prenant leur repas. Tout l'arrière-plan, à droite, est boisé et occupé par des habitations; ciel zébré de nuages.

Signé, sur un rocher, au premier plan, à droite : J. V. Ruysdael.

Toile. Haut., 70 cent.; larg., 55 cent.

(Collection Gsell.)

RUYSDAEL

(SALOMON VAN)

Né, en 1600, à Haarlem, où il mourut, en 1670.

5 — *Bords de l'Yssel.*

Au premier plan, l'Yssel dont les méandres s'étendent à gauche et à droite; une barque de pêche est montée par trois hommes, dont deux retirent un épervier, et dont l'autre emmagasine du poisson. Derrière cette barque sont groupées cinq vaches. A l'arrière-plan, à gauche et au centre, trois bateaux les voiles déployées. Quelques arbustes à l'horizon. Au second plan, à droite, une ferme entièrement abritée par des arbres qui s'étendent jusqu'au milieu de la composition; à la pointe d'une langue de terre, une barrière, trois vaches dont une debout et deux couchées.

Sur l'habitation, la signature : SVRüysdael 1663.

Qualité exceptionnelle du maître.

Panneau. Haut., 53 cent.; larg., 63 cent.

SNAYERS

(PIERRE)

Né, en 1593, à Anvers, mort vers 1663.

6 — *Le sac d'un village.*

De toutes parts, on aperçoit la soldatesque détruisant les habitations et massacrant les habitants qui cherchent à fuir. Des arbres à droite, à gauche et au centre de la composition ; fond de paysage montagneux que domine un moulin à vent.

Panneau. Haut., 565 millim.; larg., 925 millim.

(Collection du marquis de Salamanca.)

SNAYERS

(PIERRE)

7 — *Le sac d'un village.*

Pendant du précédent. Le premier et le second plans retracent les fureurs de la soldatesque. A droite, quelques arbres et des habitations. A l'arrière-plan, au centre, l'église du village ; à gauche, des animaux, une ferme et un grand bouquet d'arbres.

Panneau. Haut., 56 cent.; larg., 925 millim.

(Collection du marquis de Salamanca.)

TENIERS LE VIEUX

(DAVID)

Né, en 1582, à Anvers, où il mourut en 1649.

8 — *Le jeu de quilles.*

Au premier plan, neuf paysans, dont l'un bourre sa pipe ; un autre est assis, une pipe à la main, et regarde un joueur prêt à lancer sa boule ; au second plan, un homme la face tournée vers le mur d'une maison. La droite et le centre du tableau sont occupés par cinq maisons, dont l'une est une auberge s'enlevant sur un fond de verdure. Ciel argentin.

Signé, en bas, à droite : D. Teniers F.

Panneau. Haut., 48 cent.; larg., 65 cent.

TER BORCH DIT TERBURG

(GÉRARD)

Né en 1617, à Zwolle, il mourut à Deventer, le 8 décembre 1681.

9 — *Portrait d'homme.*

Debout, vu de face, les cheveux bruns flottants, il est vêtu de noir avec large rabat blanc garni de dentelle et de deux glands blancs. Bas des manches blanches bouffantes, manchettes et bas blancs. A sa gauche, une table recouverte d'un tapis grenat sur lequel repose son chapeau, sa montre et une pipe. Au mur, à droite, est suspendue une carte géographique. A gauche, un fauteuil recouvert de cuir, et, à l'arrière-plan, une porte ouverte.

Toile. Haut., 76 cent.; larg., 61 cent.

(*Collection Gsell.*)

TABLEAUX MODERNES

BENJAMIN-CONSTANT

(JEAN-JOSEPH)

MEMBRE DE L'INSTITUT

Né à Paris.

10 — *Passe-temps d'un Kalife.* (Séville, XIIIe siècle.)

Sur un tapis d'Orient, un nègre, ayant à côté de lui, à sa gauche, un instrument de musique, est étendu contemplant deux fauves enchaînés et derrière lesquels est debout leur gardien maure à demi-vêtu. A la droite du nègre est assis un autre maure à demi-vêtu, la tête couverte d'un turban blanc. Douze personnages accroupis contemplent cette scène. Au centre, debout, à l'arrière-plan, à l'entrée de la voûte, un eunuque. Dans le fond, on entrevoit les jardins du palais.

Tableau d'une grande richesse de coloration.

Signé, en bas, vers la droite, Benjamin-Constant 1881.

Panneau. Haut., 1 m. 34 cent.; larg., 1 m. 7 cent.

(*Salon de 1881.*)

BENJAMIN-CONSTANT

11 — *Le Sultan du Maroc allant recevoir officiellement un ambassadeur français.*

A l'entrée du palais, plusieurs Marocains prosternés près d'un groupe de soldats qui occupent la gauche ; à droite, au second plan, diverses figures également prosternées, d'autres respectueusement inclinées et parmi elles trois porte-étendards. Sous la voûte, on distingue le cortège du Sultan ; celui-ci s'avance à cheval.

Signé, dans le bas, à gauche : Benj. Constant.

Composition très pittoresque et d'une belle tonalité.

Toile. Haut., 1 m. 37 cent.; larg., 1 m. 8 cent.

BENOUVILLE

(FRANÇOIS-LÉON)

Né, le 30 mars 1821, à Paris, où il mourut, le 16 février 1859.

12 — *Raphaël apercevant la Fornarina pour la première fois.*

A gauche, à l'angle d'une rue, apparaît Raphaël suivi de deux de ses élèves; le maître contemple avec admiration la Fornarina accoudée, à droite, au haut de la quatrième marche d'un escalier, à l'entrée de la boulangerie de son mari. Dans le fond, celui-ci est en train de désenfourner le pain. A l'arrière-plan, derrière les disciples du maître, on entrevoit un palais. Raphaël, vêtu de brun, porte un manteau et une toque noire. Il tient de la main droite un album. La Fornarina porte une chemise blanche relevée au-dessus du coude du bras droit, une robe rouge à galons dorés et un tablier gris relevé sur la hanche gauche. Au-dessus de la voûte de la boutique se lit le mot « Forno ».

Signé, à droite, sur la première marche de l'escalier : L — Benouville — 1856.

(*Salon de 1867.*)

Toile. Haut., 1 m. 16 cent.; larg., 87 cent.

(Galerie Pereire.)

BERNE-BELLECOUR

(ETIENNE-PROSPER)

Né à Boulogne-sur-Mer, le 29 juillet 1838.

13 — *La Malmaison.*

Étude pour le tableau n° 15.
Signé, en bas, à gauche : E. Berne-Bellecour.

Panneau. Haut., 13 cent., larg., 15 cent.

BERNE-BELLECOUR

14 — *La Malmaison.*

Étude d'après nature pour le tableau n° 15.
Signé, en bas, à gauche : E. Berne-Bellecour.

Panneau. Haut., 12 cent.; larg., 22 cent.

BERNE-BELLECOUR

15 — *Les Tirailleurs de la Seine au combat de la Malmaison, le 21 octobre 1870.*

Devant une haie les uns chargent leurs armes; d'autres, couchés, mettent leurs armes en joue; plusieurs font feu; d'autres pansent leurs blessures, soutiennent des blessés ou relèvent un mort. De l'autre côté de la haie, un officier et le porte-fanion du bataillon. Fond boisé, semé d'habitations et occupé par l'ennemi. Au premier plan, à droite, un mur de ferme, Dans le bas, à gauche, la signature : E. Berne-Bellecour. Ciel très lumineux sur lequel se déroulent quelques nuages.

Sur un cartouche fixé au cadre, le croquis de la tête de divers combattants et l'indication des noms suivants : M. Dumas, capitaine ; E. Berne-Bellecour ; H. A. Vasnier ; J. G. Vibert ; Louis Leloir ; G. Jacquet, caporal ; Eug. Leroux ; Delacour ; Ed. Turquet, sergent-major ; G. Chemin ; J. Jacquemart ; A. J. Collin ; J. Cuvelier ; G. Chalot ; J. Boyer ; L. Sauvage, capitaine.

Œuvre capitale de l'artiste.

Toile. Haut., 1 m. 5 cent.; larg., 2 mètres.

(*Salon de 1875.*)

BONVIN

(FRANÇOIS)

Né à Paris, le 22 novembre 1817, mort à Saint-Germain-en-Laye en 1887.

16 — *La cuisinière.*

Les cheveux châtains couverts d'un bonnet blanc, elle est vêtue d'une camisole blanche, d'un tablier bleu et d'une jupe marron.

Elle rentre du marché et retire un lièvre de son panier posé sur la table, panier où se voit encore une botte d'oignons ; une bouteille est sur la nappe.

Signé dans le bas, à gauche : F. Bonvin, 1868.

Panneau. Haut., 31 cent.; larg., 20 cent.

COROT

(CAMILLE)

Né, le 20 juillet 1796, à Paris, où il mourut le 22 février 1875.

17 — *La Joueuse de mandoline.*

Vue à mi-jambes, assise de face dans un paysage, la tête inclinée vers l'épaule droite; les cheveux châtains recouverts d'une coiffure noire ; elle a la poitrine en partie découverte; elle est vêtue d'une chemisette blanche et d'un vêtement gris bleuâtre bordé de noir. Sur ses genoux, une mandoline dont elle s'apprête à jouer. A droite, un arbre ; à gauche, sur une colline, un bouquet d'arbres.

Signé : Corot, dans le bas, vers la droite.

Toile. Haut., 1 m. 10 cent.; larg., 88 cent.

COURBET

(GUSTAVE)

Né à Ornans, le 10 juin 1819, mort en Suisse, à la Tour-de-Peilz, près de Vevay, le 31 décembre 1877.

18 — *Les paysans de Flagey revenant de la foire.*

Deux paysans à cheval, l'un vieux, en blouse, et tenant un fouet de la main gauche, l'autre jeune, vêtu de gris, s'avancent sur une route ensoleillée, précédés d'un bouvier poussant trois bœufs devant lui. Derrière eux, au premier plan, un homme, la pipe à la bouche, son parapluie dans la main droite, tient une truie en laisse. Il porte un feutre gris, est vêtu d'un habit verdâtre, d'un gilet jaune, d'un pantalon gris et de guêtres chamois. Il transporte sur son dos une rôtissoire, une casserole et un chapeau recouvert de papier. Deux femmes, dont l'une un panier sur la tête, et un homme une hotte sur le dos, marchent à côté d'une vache roussâtre. A l'arrière-plan, à droite, un paysan et une paysanne bras dessus bras dessous. Fond de paysage boisé ; ciel au soleil couchant zébré de nuages.

C'est une des œuvres les plus importantes de l'artiste.

Toile. Haut., 2 m. 6 cent.; larg., 2 m. 73 cent.

(*Salon de 1851.*)

COURBET

(GUSTAVE)

19 — *La Mare.*

Fond de montagnes et de paysage rocheux. Au bas, une chaumière. Au premier plan, à droite, des broussailles au bord d'une mare d'eau.

Signé, en bas, à gauche : G. Courbet.

Toile. Haut., 64 cent.; larg., 81 cent.

COURBET

(GUSTAVE)

20 — *Les Braconniers.*

Dans un site couvert de neige, ils s'avancent avec précaution, le fusil en bandoulière, tenant chacun en laisse un chien, dont le premier flaire une piste, tandis que le second faisant mine d'aboyer est menacé d'un coup de bâton. Au fond, à gauche, un frottis de broussailles. Ciel très clair.

Signé, dans le bas, à gauche : Gustave Courbet.

Toile. Haut., 1 m. 2 cent.; larg., 1 m. 23 cent.

COURBET

(GUSTAVE)

21 — *En forêt.*

Des broussailles et un grand arbre au premier plan, à gauche. Dans le fond, une grande roche surplombée par un fouillis de broussailles automnales ; devant elle, une mare s'étend jusqu'au premier plan.

Signé, en lettres rouges : Gustave Courbet, dans le bas, à gauche.

Toile. Haut., 1 m. 25 cent.; larg., 1 m. 38 cent.

DIAZ DE LA PEÑA

(NARCISSE-VIRGILE)

Né à Bordeaux, le 21 août 1808, mort à Menton, le 18 novembre 1876.

22 — *Repas champêtre.*

Dans une clairière entourée d'arbres, des Parisiens sont assis autour d'un repas.

Précieux petit tableau.

Toile. Haut., 13 cent.; larg., 16 cent.

DIAZ DE LA PEÑA

(NARCISSE)

23 — *Forêt de Fontainebleau.*

Au centre d'autres arbres qui occupent l'arrière-plan, se dresse un vieux chêne.

Cette belle étude est étoffée d'une figure de femme accroupie.

Signé, en lettres rouges dans le bas, à gauche : N. Diaz.

Toile. Haut., 35 cent.; larg , 23 cent.

DIAZ DE LA PEÑA

(NARCISSE)

24 — *L'Amour captif.*

Au premier plan, un homme qui occupe la droite de la composition et une jeune femme, tous deux assis, se sont emparés d'un amour et semblent sermonner leur prisonnier qui se rit d'eux.

Derrière eux, une autre jeune femme, la poitrine à demi-découverte, écoute, debout, les doux propos d'un soupirant.

Un groupe d'amours voltigent dans les airs.

Fond de paysage.

Signé, dans le bas, à gauche.

Bois. Haut., 31 cent. ; larg., 235 millim.

DUEZ

(ERNEST-ANGE)

Né à Paris, le 8 mars 1843.

25 — *Les Pivoines.*

Une jeune femme, grandeur nature, aux cheveux blonds, vêtue de noir, est debout dans un parc et s'occupe à cueillir des pivoines qu'elle laisse tomber dans un panier déposé à ses pieds.
Signé, en bas, à gauche : E. Duez 1876.

Toile. Haut., 2 m. 21 cent.; larg., 1 m. 29 cent.

(*Salon de 1876.*)

DUPRÉ

(JULES)

Né à Nantes, en 1812, décédé à l'Isle-Adam, le 6 octobre 1889.

26 — *Chaumière à la lisière d'un bois.*

Adossée à la forêt, elle occupe la droite du tableau; un grand arbre isolé s'élève devant elle; au premier plan, une petite mare; au centre, un chemin; vers le fond, une maisonnette; à gauche, une saulaie et un chêne. Une femme en jupon rouge se dirige vers la chaumière.

Signé, en bas, à gauche : J. Dupré.

Toile. Haut., 60 cent.; larg., 735 millim.

DUPRE

(JULES)

27 — *Les Chaumières.*

Elles occupent le centre du tableau; un chemin sur lequel s'avance une femme y aboutit; ciel mouvementé.

Signé, en bas, à droite : J. Dupré.

Panneau. Haut., 26 cent.; larg., 26 cent.

HEILBUTH

(FERDINAND)

Né à Hambourg, en 1826, naturalisé Français en 1878, mort à Paris, le 20 novembre 1889.

28 — *Le Repos dans la campagne.*

Sur l'herbe, au premier plan, une jeune femme, aux cheveux dorés, est assise vêtue de batiste écrue et coiffée d'un feutre marron autour duquel s'enroule une écharpe de tulle blanc; elle porte des gants de Suède et tient une fleur de la main gauche. A sa droite, un châle blanc et une ombrelle; à sa gauche, un carlin assis. Elle regarde son mari couché dans l'herbe, à ses pieds ; il tient une canne de la main gauche et son feutre gris est posé à côté de lui. Fond brumeux à perte de vue.

Signé, dans le bas, à droite : F. Heilbuth.

Toile. Haut., 1 m. 18 cent.; larg., 1 m. 60 cent.

HEILBUTH
(FERDINAND)

29 — *La Vie de château.*

Le fond est occupé par un parc et un pavillon sur la terrasse duquel se voient de nombreux personnages; cette terrasse est baignée par une pièce d'eau qu'animent des cygnes. Au premier plan, deux dames assises sur un banc devant un buisson fleuri, et une fillette appuyée sur l'une d'elles, tandis qu'une dame et un cavalier debout les regardent; près d'eux, deux chiens, l'un assis, l'autre couché; au second plan, à droite, un autre groupe de quatre dames dont deux assises et deux debout. Ciel clair et légèrement nuageux.

Signé dans le bas, à droite : F. Heilbuth.

Toile. Haut., 1 m. 15 cent.; larg., 1 m. 50 cent.

HEILBUTH
(FERDINAND)

30 — *La Promenade sur le lac.*

Une barque contient cinq petites filles, une religieuse et le rameur derrière lequel est étendu un chien. Fond de paysage. Au bord du lac sont amarrées des barques.

Signé, dans le bas, à gauche : F. Heilbuth.

Ces trois tableaux d'Heilbuth, d'une rare élégance, sont au nombre de ses œuvres les plus accomplies.

Toile. Haut , 1 m. 7 cent.; larg., 2 m. 12 cent.

HENNER
(JEAN-JACQUES)

MEMBRE DE L'INSTITUT

Né à Bornviller, le 5 mars 1829.

31 — *Baigneuse au repos.*

Entièrement nue, ses cheveux châtains déroulés, elle dort étendue sur l'herbe, au bord d'un étang abrité par un bouquet d'arbres ; fond de collines verdoyantes.

Signé, dans le bas, à droite : J. J. Henner.

Toile. Haut., 33 cent.; larg., 44 cent.

HENNER

(JEAN-JACQUES)

32 — *Buste de jeune femme.*

La tête tournée de profil vers la gauche, les cheveux châtains, la poitrine en partie découverte; robe noire.

Signé, en haut, à droite : J. J. Henner.

Panneau. Haut., 27 cent.; larg., 215 millim.

JACQUE

(CHARLES-LOUIS)

Né à Paris, le 23 mai 1813, mort en 1894.

33 — *Moutons à la bergerie.*

La plupart sont couchés, deux d'entre eux mangent au ratelier.

Signé, en bas, à gauche : Charles Jacque.

Ce tableau est de la meilleure époque du maître.

Toile. Haut., 74 cent.; larg., 1 mètre.

JACQUE

(CHARLES)

34 — *Brebis et son agneau.*

Elle est debout dans une prairie, vue de dos, la tête tournée vers la gauche, ayant près d'elle son agneau vu de face ; à leur droite, deux arbustes.
Signé, en bas, à gauche : Ch. Jacque.

Panneau. Haut., 27 cent.; larg., 21 cent.

LAMBERT

(LOUIS-EUGÈNE)

Né à Paris, le 25 septembre 1825.

35 — *Une Mère.*

Une chatte est debout tournée vers la gauche et a devant elle deux petits chats, dont l'un regarde le spectateur de face, et l'autre est tourné de trois quarts.

La chatte et l'un de ses jeunes ont la robe zébrée de noir et de brun, la face et la poitrine sont blanches; l'autre petit est roux et blanc. Le groupe est posé sur un tapis d'Orient; à gauche, près de la mère, une pelote de laine bleue.

Signé, sur le parquet dans le bas, à droite : L. Eug. Lambert.

Toile Haut., 54 cent.; larg., 46 cent.

LELOIR

(LOUIS)

Né, le 14 mars 1843, à Paris, où il mourut en 1884.

36 — *Les Fiançailles.*

Sous une treille, on a dressé la table du repas de fiançailles autour de laquelle sont réunis dix convives; le fiancé s'est levé et passe une bague aux doigts de sa future; le premier plan est occupé par trois musiciens, dont un debout et deux assis. Dans le fond, à gauche, se profilent les tourelles du château; à gauche également, une banquette recouverte d'une nappe supporte des vases en étain et des verres remplis de bière. Derrière les musiciens, les gaines de leurs instruments.

Signé, en bas, à droite : Louis Leloir 1878.

Le peintre a représenté sa propre fille sous les traits d'une fillette placée au bout de la table ; elle tient une coupe de la main droite.

Toile. Haut., 1 m. 8 cent.; larg., 1 m. 60 cent.

(*Salon de 1878.*)

(Ce tableau, qui est de premier ordre dans l'œuvre de l'artiste, a figuré à l'Exposition du Centenaire de l'Art français en 1889.)

LÉVY

(HENRI-LÉOPOLD)

Né à Nancy, le 23 septembre 1840.

37 — *Hérodiade.*

Salomé, debout, s'avance vers Hérodiade assise sur une sorte de trône, à gauche, et lui présente la tête de saint Jean sur un plateau. Au premier plan, une esclave, tenant un éventail de plumes bleues de la main droite, est tombée épouvantée. Derrière Hérodiade, quatre de ses femmes. Au dernier plan, à droite, derrière Salomé, une négresse soulève une portière.

Hérodiade est coiffée d'un diadème et d'un voile flottant sur les épaules; elle est vêtue d'une robe pourpre rehaussée de broderies d'or; un manteau bleu retombe sur l'épaule gauche.

Salomé, sa chevelure blonde flottante, la poitrine à demi-nue, est vêtue d'un peplum mauve.

Fond d'architecture laissant entrevoir le ciel et des arbustes.

Signé, dans le bas, à gauche : Henri Lévy.

Toile. Haut., 2 m. 885 millim.; larg., 2 m. 365 millim.

(*Salon de 1872.*)

LÉVY

(HENRI)

38 à 41 — *Les Quatre saisons.*

Le Printemps. — Une nymphe s'avance vers la droite tenant des fleurs dans une corbeille; elle est précédée d'un enfant nu, tenant de la main gauche une fleur de lys.

L'Été. — Une jeune femme, vêtue de blanc et d'une draperie rouge, tient à la main une faucille ; à droite, un enfant saisissant une gerbe ; à gauche, un enfant endormi.

L'Automne. — Une jeune femme saisit, à droite des grappes de raisin et a la tête tournée vers un enfant qui lui tend les mains.

L'Hiver. — Une chasseresse qui s'apprête à lancer une flèche tout en courant vers la droite; elle est précédée d'un enfant à demi-nu, tenant un épieu de la main gauche.

L'Hiver est signé, en bas, à gauche; *le Printemps*, en bas, à droite ; *l'Été*, en bas, à gauche; *l'Automne*, en bas, à droite.

Toile. Haut., 2 m. 6 cent.; larg., 1 m. 31 cent.

LOBRICHON

(TIMOLÉON)

Né à Cornod, le 26 avril 1831.

42 — *La Boîte aux lettres.*

Au coin d'une rue, une blonde petite fillette élève dans ses bras son frère qui s'efforce de mettre une lettre à la poste. Figures grandeur nature.

Signé : T. Lobrichon, dans le bas, à gauche.

Toile. Haut., 1 m. 40 cent.; larg., 85 cent.

(*Salon de 1881.*)

MEISSONIER

(JEAN-LOUIS-ERNEST)

Né à Lyon, le 21 mars 1815, mort, à Paris, le 31 janvier 1891.

43 — *Le Liseur.*

Il est vêtu d'une houpelande ponceau, d'une chemise blanche, d'une culotte grenat, de bas gris et de chaussures jaunes. Accoudé contre la fenêtre qui occupe la droite, il lit attentivement un livre qu'il soutient des deux mains. A gauche, au premier plan, sur une table recouverte d'un tapis de velours olive, des papiers et divers volumes. Par la croisée, on aperçoit le ciel bleu entrecoupé de nuages blancs. Sous la table, des papiers froissés.

Précieuse peinture du meilleur temps du maître.

Signé, dans le bas, à droite : E. Meissonier.

Toile. Haut., 20 cent.; larg., 145 millim.

(Collection du baron Michel de Trétaigne.)

MERINO

(IGNACIO)

Né à Lima, il a exposé à Paris de 1850 à 1876, et mourut en 1876.

44 — *Jeune Aragonaise.*

Vue jusqu'à mi-corps, la tête de profil tournée vers la gauche, les cheveux châtains recouverts d'une coiffure nationale à torsades d'or ; autour du cou, trois rangs de perles ; sur sa robe noire, se détache une chaine d'or. Fond olivâtre.

Signé, en haut, à gauche : Merino.

Toile. Haut., 55 cent.; larg., 45 cent.

NEUVILLE

(ALPHONSE-MARIE DE)

Né à Saint-Omer, en juin 1835, décédé à Paris, le 19 mai 1885.

45 — *Épisode de la bataille de Rezonville.*

Le 16 août, sur la route de Rezonville à Villers, la brigade Murat se reforme, la droite appuyée au bois de Villers, après le brillant combat qu'elle a eu à livrer dans la journée, sur les mêmes positions, à la cavalerie prussienne. Le terrain est encore tout jonché de morts et de blessés tombés dans l'engagement. Le 7e régiment de cuirassiers prussiens et le 18e régiment de hulans prussiens, après avoir percé les lignes françaises, sont venus se briser sous le choc des dragons et des cuirassiers français de la division du général de Fortou, rangée à l'angle du bois de Villers. A gauche du tableau, on voit le général prince Murat examinant le terrain de la charge; les blessés sont portés sous un hangar et pansés provisoirement; les dragons français s'occupent à ramasser les lances des hulans. Au premier plan, un officier de chasseurs à pied, blessé et se rendant aux ambulances, serre la main d'un de ses camarades des dragons. Dans ce brillant fait d'armes, la brigade allemande, malgré ses efforts réitérés, fut écrasée sous les charges de la cavalerie française.

Signé, dans le bas, vers la droite: Alph. de Neuville.

Toile. Haut., 1 m. 27 cent.; larg., 2 m. 11 cent.

PLASSAN

(ANTOINE-ÉMILE)

Né à Bordeaux, le 29 septembre 1817.

46 — *La Lettre.*

Une jeune femme, vêtue de satin blanc, une fleur rouge au corsage, est tournée de trois quarts vers la droite, et, assise près d'une table recouverte d'un tapis oriental, elle lit une lettre. A droite, à l'arrière-plan, un fauteuil bleu Louis XV.

Signé, dans le bas, à gauche : Plassan 56.

Panneau. Haut., 15 cent.; larg., 105 millim.

RIBOT

(THÉODULE)

Né à Breteuil, le 8 août 1823, mort le 16 avril 1893.

47 — *Portrait d'homme.*

De trois quarts tourné vers la gauche et vu jusqu'à mi-corps. Cheveux noirs, vêtements noirs.

Signé, en bas, à droite : T. Ribot.

Toile. Haut., 72 cent.; larg., 60 cent.

RIBOT

(THÉODULE)

48 — *La femme aux bouteilles.*

Vue à mi-corps, de trois quarts tournée vers la droite, coiffée d'un bonnet noir, vêtue de noir également, et tenant deux bouteilles dans la main droite. Fond brun.

Signé : T. Ribot, dans le bas, à droite.

Toile. Haut., 73 cent., larg., 60 cent.

ROBERT

(LÉOPOLD)

Né à la Chaux-de-Fonds, le 13 mai 1794, mort, à Venise, le 20 mars 1835.

49 — *Pifferari devant la Madone.*

Des deux pifferari, l'un joue de la cornemuse, tandis que l'autre chante, une musette à la main, en l'honneur d'une madone, à un coin de rue d'une ville d'Italie. A gauche, les écoutent deux fillettes, l'une vêtue d'un corsage bleu, d'un mouchoir jaune croisé sur la poitrine, d'une jupe marron et d'un tablier rouge, l'autre, plus jeune, vêtue d'un corsage bleu et d'une jupe verte.

C'est un des tableaux les plus renommés de Léopold Robert.

Daté 1829.

Toile. Haut., 88 cent.; larg., 76 cent.

(Galerie Pereire)

TROYON

(CONSTANT)

Né à Sèvres, le 28 août 1810, mort à Paris, le 20 mars 1865.

50 — *Relai de chiens de chasse.*

Dans une clairière, trois chiens, un noir et un blanc tachetés de roux, debout, et un autre, blanc, assis. A gauche, sur un tertre, derrière eux, le garde-chasse, vêtu d'une blouse bleue et portant une gibecière en bandoulière, est vu de dos tourné vers un bouquet d'arbres.

Tableau du meilleur faire du maître.

Signé, dans le bas, à gauche : C. Troyon.

Panneau. Haut., 365 millim.; larg., 46 cent.

TROYON

(CONSTANT)

51 — *La Mare aux canards.*

Au premier plan, une mare et onze canards; au second plan, à gauche, une ferme contre le pignon de laquelle se voit un arbre; au centre, un chêne et des arbrisseaux. Au bord de la mare est étendue une figure, le long d'un chemin qu'occupe une charrette de foin attelée de deux chevaux. Ciel sombre dans le fond et nuageux dans la partie supérieure du tableau.

Signé : C. Troyon, au bas de la mare, à droite.

Excellente qualité du maître.

Toile. Haut., 60 cent.; larg., 49 cent.

VAN MARCKE

(ÉMILE)

Né à Sèvres, le 20 août 1827, mort à Paris, le 27 décembre 1890.

52 — *La Vache rousse.*

Une vache rousse tachetée de blanc s'enlève sur un fond de verdure; son ombre se profile sur l'herbe. A l'arrière-plan, une barrière derrière laquelle se voit, de face, une vache, et, au dernier plan, deux autres vaches vues de dos.

Signé, dans le bas, à gauche : Em. Van Marcke 68.

Toile. Haut., 50 cent.; larg., 70 cent.

VAUTIER

(BENJAMIN)

Né à Morges (Suisse).

53 — *Le Départ des mariés.*

Le dernier plan est occupé par l'habitation qu'ils vont quitter et aux fenêtres de laquelle se voient deux jeunes filles et un jeune homme tenant une chope de la main gauche et regardant partir les jeunes époux. Ceux-ci viennent de descendre l'escalier sur lequel sont groupés les musiciens et les membres de la famille ; la sœur de la jeune épouse lui fait ses adieux en pleurant, tandis que le mari tout joyeux et serrant une main de sa femme, soulève le bras droit en agitant son chapeau en signe d'adieu. Au premier plan, à gauche, un groupe de quatre enfants ; au centre, un jeune alsacien, la pipe à la bouche, verse à boire dans des verres posés sur un plateau que tient une jeune fille. Près d'eux, un vieillard tenant un bâton de la main gauche est assis sur un banc. A droite, une voiture attelée de deux chevaux attend les mariés. A l'arrière-plan le village qui s'étend au pied d'une montagne.

Signé : B. Vautier 75, dans le bas à droite.

Tableau célèbre dans l'œuvre de cet éminent artiste suisse.

Toile. Haut., 1 m. 165 millim.; larg., 1 m. 68 cent.

VIBERT

(JEHAN-GEORGES)

Né à Paris, le 30 septembre 1840.

54 — *Le Départ des mariés.* (Espagne.)

Dans un cortile au mur duquel on a suspendu des festons, un prêtre, la cigarette à la main, est resté attablé et cause avec son sacristain, tandis qu'un vieillard, debout, a placé son petit-fils sur la table du repas de noce pour admirer le départ des mariés dont s'occupent également quatre femmes assises; deux autres sont debout, près d'une colonne, et l'une de ces dernières tenant en main une mandoline semble ne pas prêter l'oreille à ce que lui dit un galant placé derrière elle. Au fond, à gauche, deux hommes assis. Toute la droite est occupée par des hommes emportant les bagages, par le marié monté sur un cheval blanc harnaché de rouge ; il serre la main à un de ses amis, tandis qu'un autre lui tend le verre de vin des adieux. En croupe, sur le même cheval, le dos tourné à son mari, la nouvelle épouse envoie de la main droite un baiser aux assistants. Au premier plan, à gauche, une chaise et un chien. Devant le cheval, un escabeau.

Signé : J. G. Vibert 1873, en bas, à droite.

Œuvre capitale de l'artiste.

Toile. Haut., 70 cent.; larg., 1 m. 19 cent.

(*Salon de 1873* et *Exposition Universelle de 1878.*)

VOLLON

(ANTOINE)

Né à Lyon, en 1833.

55 — *Nature morte.*

Sur une table recouverte d'un tapis de velours bleu, à droite, un panier à demi-renversé contient des pêches et du raisin; à gauche, sur le tapis, des grappes de raisin blanc et noir ainsi que deux pêches. Entre ces fruits et le panier, un hanap en vermeil.

Signé, dans le bas, à gauche : « A Vollon », en lettres rouges.

Toile. Haut., 73 cent.; larg., 60 cent.

ZIEM

(FÉLIX)

Né à Beaune, en 1822.

56 — *La Piazzetta à Venise.*

Le carnaval se déroule le long du quai des Esclavons. Au premier plan est étendu un arlequin; à droite, la colonne surmontée du lion de Saint-Marc et les proues de quelques navires; à gauche, le Palais des Doges et le quai.

Signé : Ziem, dans le bas, à gauche.

Panneau. Haut., 1 m. 8 cent ; larg., 70 cent.

DESSINS ANCIENS

AQUARELLES MODERNES

ET

MANUSCRIT MODERNE ENRICHI DE MINIATURES

COCHIN LE FILS

(CHARLES-NICOLAS)

Né, le 22 février 1715, à Paris, où il mourut, aux galeries du Louvre, le 29 avril 1790.

Huit compositions dessinées à la sanguine :

57 — *Perse* (Sic [1]).

1. Pour *Perce*.

Le texte, qui accompagne chacune des huit Sanguines de Cochin, est reproduit ici textuellement tel qu'il est orthographié.

58 — *Telemaque aborde après un Naufrage dans l'Isle de Calypso.*

Aventures de Telemaque, L. Ier.
C. N. Cochin, filius delin. 1779.
Ce dessin a été gravé par Augustin de Saint-Aubin pour *les Aventures de Télémaque, avec figures en taille douce dessinées par Cochin et Moreau le jeune*, en 2 volumes in-8°, de l'Imprimerie de Monsieur, 1775.

59 — *Telemaque en Egypte enseigne aux Bergers à Jouer de la Flûte.*

Aventures de Telemaque, L. II.
C. N. Cochin filius del. 1773.
Ce dessin a été gravé par Prévost, au burin, dans le même format que le précédent et très probablement inséré aussi dans l'édition de 1775.

60 — *Telemaque voit avec horreur le culte voluptueux qu'on rend à Vénus dans son temple de l'Isle de Cypre.*

Aventures de Telemaque, Livre IV.
C. N. Cochin filius delin. 1776.

61 — *Telemaque dans l'Isle de Crète, après avoir remporté les Prix, explique les*

Questions laissées par Minos dans le Livre de ses Lois.

Aventures de Telemaque, **Liv. V.**
Gravé au burin et à l'eau-forte par N. de Launay, pour l'édition de 1775.

62 — *Acheloüs par les sons de sa lire attire les divinités de la mer autour du vaisseau d'Adoame ; Mentor prend une lire, surpasse Achelous et excite sa jalousie.*

Aventures de Telemaque, **Livre VII.**
C. N. Cochin filius delin. *1776.*

63 — *La Raison sous le masque de la Fable châtie les Ridicules et foudroye les Vices.*

C. N. Cochin delin. 1773.
Ce dessin a été gravé au burin par B. L. Prévost et publié avec cette légende :

Si la vérité vous offense
La fable au moins se peut souffrir.

64 — *L'Amour sous les traits d'un enfant se joue avec les nimphes, Calypso le*

remet à Eucharis qui le donne à Telemaque.

Aventures de Telemaque, Livre VII.

Ce dessin a été gravé en manière de sanguine par Mme Lingée, des Académies royales de Marseille, pour une illustration de *Télémaque*, gravée en manière de sanguine pour J. B. Lucien et Mme Lingée.

Dans l'œuvre de Cochin, cette suite de sanguines comprend cinq pièces.

Dimensions moyennes de ces huit sanguines :

Haut., 21 cent.; larg., 13 cent.

ALT

(RUDOLF)

65 — *Vallée au pied des montagnes.*

Aquarelle. Haut., 29 cent.; larg., 25 cent.

ALT

(RUDOLF)

66 — *Ruines.*

Elles occupent la droite et la gauche et sont surmontées de broussailles.

Aquarelle. Haut., 33 cent.; larg., 26 cent.

ALT

(RUDOLF)

67 — *Chute d'eau.*

Divisée en cinq parties, elle se réunit au premier plan en une nappe entrecoupée par une roche. Rochers à droite, à gauche et dans le fond, où ils sont surmontés de quelques arbres. A gauche, à l'arrière-plan, une cabane.

Aquarelle. Haut., 265 millim.; larg., 37 cent.

ALT

(RUDOLF)

68 — *Blevio am Camersee.*

Le lac occupe tout le premier plan ; fond de montagne au pied de laquelle on distingue un hôtel et d'autres habitations près d'un quai ; trois barques sillonnent les eaux.

Aquarelle. Haut., 23 cent.; larg., 33 cent.

GAUERMANN

(F.)

69 — *Etude de renard mort.*

Aquarelle. Haut., 145 millim.; larg., 24 cent.

GAUERMANN

(F.)

70 — *Etude de chat.*

Aquarelle. Haut., 16 cent.; larg., 21 cent.

GAUERMANN

(F.)

71 — *Etude de vaches.*

Aquarelle. Haut., 16 cent.; larg., 29 cent.

GAUERMANN

(F.)

72 — *Etude de cerf mourant.*

Aquarelle. Haut., 36 cent.; larg., 48 cent.

GAUERMANN

(F.)

73 — *Etude de sapin.*

Aquarelle. Haut., 385 millim.; larg., 285 millim.

GAUERMANN

(F.)

74 — *Etude de cheval bai-brun.*

Aquarelle. Haut., 23 cent.; larg., 29 cent.

HEILBUTH

(FERDINAND)

75 — *Jeune fille au chien.*

Elle est debout, dans un parc, tenant de la main gauche, en laisse, son chien que l'on voit de dos; sa main droite soutient une gerbe de fleurs. Ses cheveux blond-vénitien sont coiffés d'un grand chapeau; une écharpe de mousseline blanche, nouée autour de son cou, retombe sur une veste à basque et à triple pèlerine. Jupe en mousseline blanche.

Signé, en bas, à gauche du monogramme: F. H. enlacé.

Aquarelle. Haut., 88 cent.; larg., 42 cent.

KRICHUBER

(JOSEPH)

76 — *Forêt.*

Au premier plan, un arbre renversé plonge ses branches dans une rivière qui occupe tout le fond.

Signé, dans le bas, à droite : Krichuber 866.

Aquarelle. Haut., 37 cent.; larg., 31 cent.

PETENKOFEN

(A.)

77 — *Le Mort.*

Tout le fond est occupé par des masures en ruines; au centre, en face de l'une d'elles, un paysan est étendu mort; son chien flaire le cadavre.

Signé, en bas, à gauche : Petenkofen 854.

Aquarelle. Haut., 17 cent.; larg., 27 cent.

PETENKOFEN

(A.)

78 — *Troupeau de chevaux hongrois.*

Les cavaliers qui les ont réunis les chassent devant eux.

Aquarelle. Haut., 27 cent.; larg., 635 millim.

PETENKOFEN

(A.)

79 — *Bohémienne allaitant son enfant.*

Elle est assise sur une pierre, l'enfant qu'elle tient sur les genoux tète le sein gauche. Elle est vêtue d'une jaquette blanche et d'un jupon bleu et a la tête couverte d'une étoffe rayée. A terre, à sa droite, une cruche. Fond de paysage.

Signé, en bas, à gauche : Petenkofen 854.

Aquarelle : Haut., 255 millim.; larg., 185 millim.

PETENKOFEN

(A.)

80 — *Charge d'artillerie dans un terrain montagneux.*

Au centre dans le haut, un général et ses deux aides de camp.

Signé, dans le bas, à droite : Petenkofen 1849.

Aquarelle. Haut., 125 millim.; larg., 22 cent.

PETENKOFEN

(A.)

81 — *Jeune loqueteux.*

Les épaules couvertes des débris d'une blouse bleue, les reins ceints d'une loque blanche, il porte une besace sur le dos, tient une baguette de la main gauche et s'avance vers la droite.

Signé, en bas, à gauche : Petenkofen.

Aquarelle. Haut., 29 cent.; larg., 29 cent.

82 — *L'Imitation de Jésus-Christ.*

Traduction nouvelle par l'abbé Dassance. Manuscrit exécuté pour la Bibliothèque de Mr E. de Man de Lennick, par De Pape frères, Peintres-Paléographes. Bruges. L'an MDCCCXXXXX. 119 feuillets grand in-folio.

Hauteur de la reliure, 67 cent.
Largeur de la reliure, 46 cent.

19 Miniatures à pleine page.

106 feuillets avec très riches encadrements, grandes et petites Miniatures, et Lettres majuscules ornées.

L'ouvrage a été exécuté dans le goût du xve siècle, et les sujets et encadrements représentés ont été inspirés par des chefs-d'œuvre des Écoles Italienne, Flamande et Française.

La reliure en maroquin brun est décorée d'ornements gaufrés et signée Chambolle-Duru.

www.ingramcontent.com/pod-product-compliance
Ingram Content Group UK Ltd.
Pitfield, Milton Keynes, MK11 3LW, UK
UKHW020444180726
13839UKWH00004B/1624

9 782329 588827